Impressum
Verlag: BABADADA GmbH, Nedderfeld 112 , 22529 Hamburg
Geschäftsführer / Verlagsleitung: Harald Hof
Druck: Books on Demand GmbH, In de Tarpen 42, 22848 Norderstedt

Imprint
Publisher: BABADADA GmbH, Nedderfeld 112 , 22529 Hamburg, Germany
Managing Director / Publishing direction: Harald Hof
Print: Books on Demand GmbH, In de Tarpen 42, 22848 Norderstedt, Germany

dividir
መቀለ

186/2

quadro
ሰሌዳ

sala de aulas
ክፍሊ ክላስ

pátio da escola
ቀጽሪ ቤት-ትምህርቲ

professor
መምህር

papel
ወረቐት

escrever
ጽሓፉ

caneta
መጽሓፊ

secretária
ጣውላ ምጽሓፍ

escrever
ጽሓፉ

régua
መስመር

livro
መጽሓፍ

aluno
ተመሃራይ

mochila

ሳንጣ ትምህርቲ

estojo de lápis

ሰፈር ብርዒ

lápis

ርሳስ

afia-lápis

መብልሒ ርሳስ

borracha

መደምሰሲ

bloco de desenho

ጥራዝ ስእሊ

desenho

ስእሊ

pincel

ብርዒ ቀለም

caixa de tintas

ቦክስ ቀለም

tesoura

መቐስ

cola

መጣበቒ

livro de exercícios

ጥራዝ መላመዲ

trabalhos de casa

ዕዮ ገዛ

12

número

ቁጽሪ

2+2

somar

መሰኸ

5-2

subtrair

ጎደለ

2×2

multiplicar

ራብሐ

calcular

ደመረ

A

letra

ፊደል

**ABCDEFG
HIJKLMN
OPQRSTU
VWXYZ**

alfabeto

ስርዓት ፊደላት

palavra

ቃል

texto

ጽሑፍ

ler

አንበበ

giz

ኩርሽ

hora

ሰዓት

registo de presenças

መዝገብ ክላስ

exame

መርመራ

certificado

ሰርቲፊከት

uniforme escolar

ድቢዛ ቤትትምህርቲ

educação

ትምህርቲ

enciclopédia

ለክሲኮን

universidade

ዩኒቨርሲቲ

microscópio

ሚክሮስኮፕ

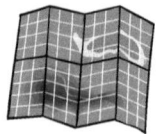

mapa

ካርታ

cesto de lixo

ጎሓፍ ወረቻት

viagem
መገሻ

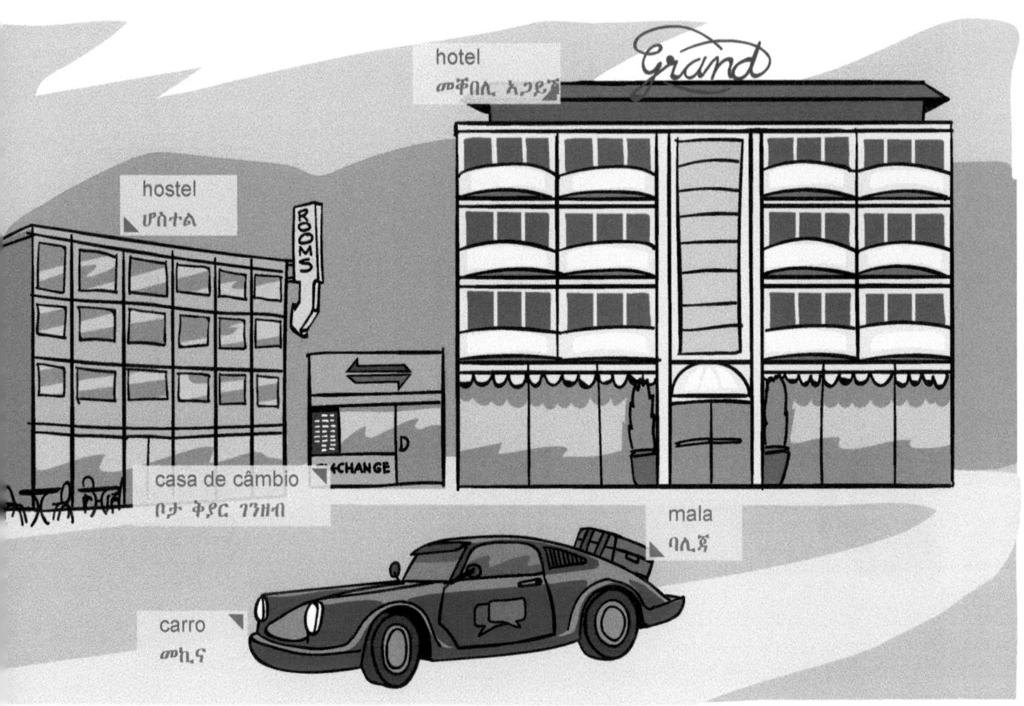
hotel
መቐበሊ ኣጋይሽ
Grand
hostel
ሆስተል
ROOMS
casa de câmbio
ቦታ ቅያር ገንዘብ
CHANGE
mala
ባሊጃ
carro
መኪና

idioma

ቋንቋ

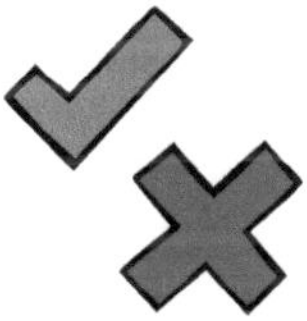

sim / não

እወ / ኖ

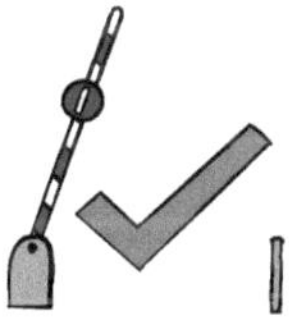

ok / certo / correto

ሕራይ

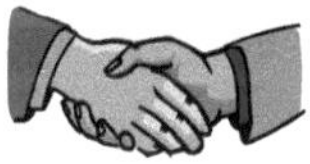

olá

ሰላም

intérprete

ኣስተርጓሚ

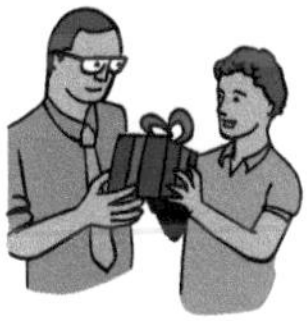

obrigado

የቐንየለይ

quanto é que custa... ?

. . . ክንደይ ዋግኡ?

não entendo

አይተረድአኹን

problema

ሽግር

boa noite!

ሰላም ምሸት!

Bom dia!

ከመይ ሓዲርካ

Boa noite!

ሰላም ለይቲ

adeus

ደሓን ኩን

direção

አንፈት

bagagem

ጉዓዝ

saco

ሳንጣ

mochila

ሳንጣ ሕቆ

convidado

ጋሽ

quarto

ክፍሊ

saco-cama

ክሻ መደቐሲ

tenda

ቴንዳ

informação turística

ሓበሬታ በጸሕቲ ሃገር

praia

ገምገም ባሕሪ

cartão de crédito

ክረዲት ካርድ

pequeno-almoço

ቁርሲ

almoço

ምሳሕ

jantar

ድራር

bilhete

ቲከት

elevador

ሊፍት

selo postal

ማሕተም ደብዳበ

fronteira

ዶብ

alfândega

ድንና

embaixada

ኣምበሲ

visto

ቪዛ

passaporte

ፓስፖርት

transporte

መጓጓዝያ

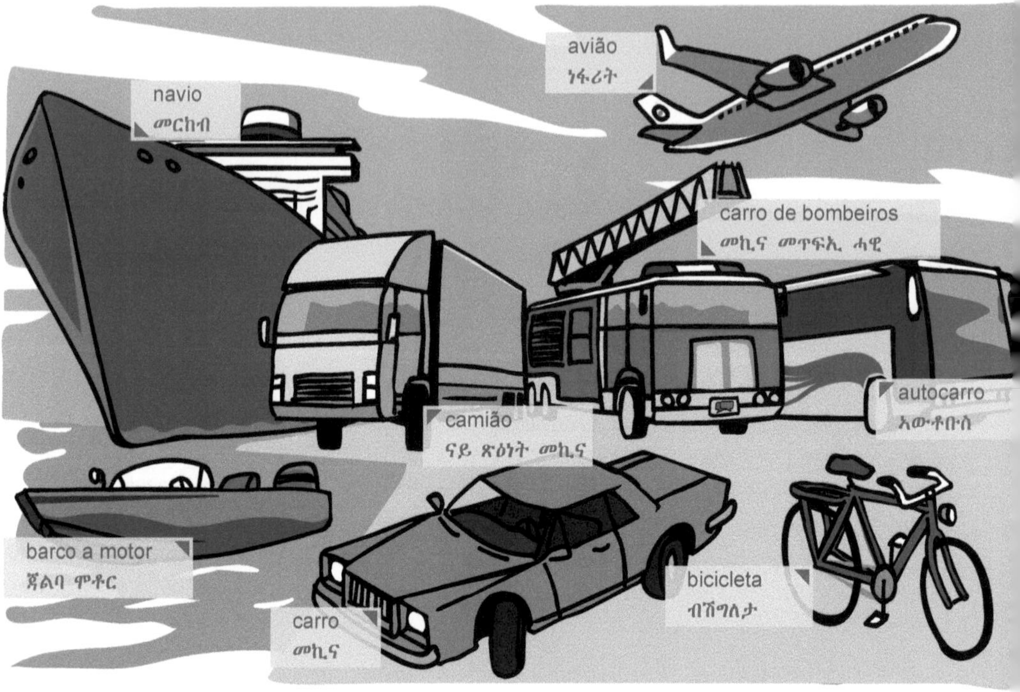

avião
ነፋሪት
navio
መርከብ
carro de bombeiros
መኪና መጥፍኢ ሓዊ
autocarro
ኣውቶቡስ
camião
ናይ ጽዕነት መኪና
barco a motor
ጀልባ ሞቶር
bicicleta
ብሽግለታ
carro
መኪና

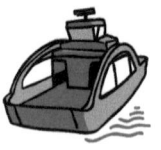

cacilheiro

ፈሪ

barco

ጀልባ

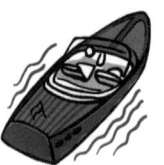

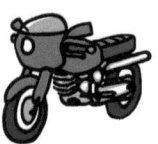

mota

ሞቶ

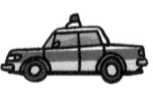

carro de polícia

መኪና ፖሊስ

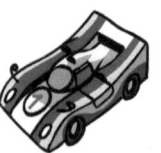

carro de corrida

መኪና ቅድድም

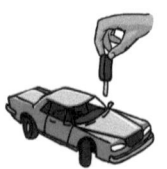

carro alugado

ክራይ መኪና

carsharing

ምውፋይ መካይን

camião de reboque

መወሰዲ መኪና

camião do lixo

መኪና ጎሓፍ

motor

ሞቶር

combustível

ነዳዲ

estação de serviço

እንዳ ነዳዲ

sinal de trânsito

ምልክት ትራፊክ

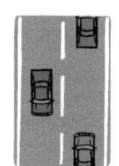

trânsito

ትራፊክ

congestionamento de trânsito

ምጭቕጫቕ ትራፊክ

parque de estacionamento

መዐሸጊ መኪና

estação ferroviária

መዕረፊ ባቡር

carris

ሓዲግ

comboio

ባቡር

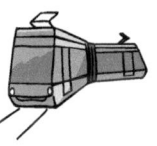

elétrico

ትረም

carruagem

ባጎኒ

helicóptero

ሄሊኮፕተር

aeroporto

መዓረፈ ነፈርቲ

torre

ታወር

passageiro

ተጓዓዚ

contentor

ኮንተይነር

caixa de papelão

ሳንዱቕ ካርቶን

carrinho

ኮርሳ ጽዕነት

cesto

ዘንቢል

levantar voo / aterrar

ተበገሰ / ዓለበ

cidade

ከተማ

aldeia

ቀኈሸት

centro da cidade

ማእከል ከተማ

casa

ገዛ

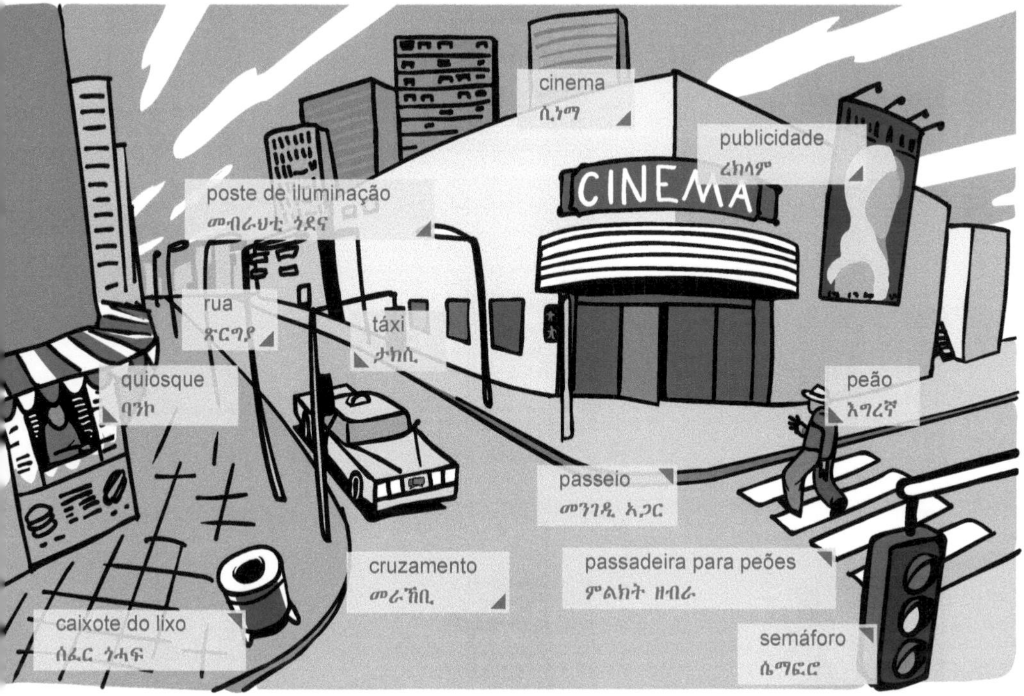

cinema
ሲኒማ

publicidade
ረክላም

poste de iluminação
መብራት ሀቲ ጎደና

rua
ጽርግያ

táxi
ታክሲ

quiosque
ባንኮ

peão
እግረኛ

passeio
መንገዲ ኣጋር

cruzamento
መራኸቢ

passadeira para peões
ምልክት ዘብራ

caixote do lixo
ሰፈር ጎሓፍ

semáforo
ሴማፎር

cabana
ኣጎዶ

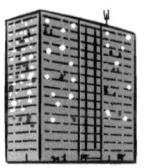

apartamento
ኣፓርትመንት

estação ferroviária
መዕረፊ ባቡር

câmara municipal
ቤት ምምሕዳር

museu
ቤተ መዘክር

escola
ቤት-ትምህርቲ

universidade

ዩኒቨርሲቲ

banco

ባንክ

hospital

ሆስፒታል

hotel

መቆበሊ አጋይሽ

farmácia

ቤት መድሃኒት

escritório

ቤት ጽሕፈት

livraria

ዱኳን መጽሓፍቲ

loja

ዱኳን

florista

ዱኳን ዕንባባ

supermercado

ሱፐርማርኬት

mercado

ዕዳጋ

loja de departamentos

ሹቕ

peixaria

ነጋዳይ ዓሳ

centro comercial

ሹቕ

porto

መርሳ

parque

መዘናግዒ

banco

ባንኪ

ponte

ድልድል

escadas

መደያይቦ

metro

ባቡር ትሕቲ ምድሪ

túnel

ቢንቶ

paragem de autocarro

መዕረፊ ኣውቶቡስ

bar

ቤት መስተ

restaurante

ቤት-መግቢ

caixa de correio

ሳጹን ፖስጣ

sinal de trânsito

ታቤላ

parquímetro

ሰዓት ፓርኪንግ

jardim zoológico

መካነ እንስሳታት

piscina

መሐምበሲ

mesquita

መስጊድ

quinta

ቤት ሕርሻ

poluição

ብክላ

cemitério

መቃብር

igreja

ቤተክርስትያን

parque infantil

ቦታ ምጽዋት

templo

ቤት መቅደስ

paisagem

ስእሊ መሬት

folha
ኣቍጽልቲ

placa de sinalização
መሕበሪ መገዲ

caminho
መገዲ

prado
ሸኻ

pedra
እምኒ

caminhantes
ኮብላሊ

árvore
ኣግራብ

rio
ፈለግ

relva
ስዓር

flor
ዕንባባ

vale

ስንጥሮ

montanha

ጎበ

lago

ቀላይ

floresta

ዱር

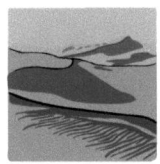

deserto

ምድረ በዳ

vulcão

እሳተ-ጎመራ

castelo

ግምቢ

arco-íris

ቀስተ-ደመና

cogumelo

ቃንጥሻ

palma

ዓርኮብኮባይ

mosquito

ጣንጡ

mosca

ሃመማ

formiga

ጻጸ

abelha

ንህቢ

aranha

ሳሬት

besouro

ሕንዚዝ

sapo

ዕንቅርያብ

esquilo

ምጽዱላይ

ouriço

ቅንፍዝ

lebre

ማንቲለ

coruja

ጉንጓ

pássaro

ጭሩ

cisne

ስዋን

javali

መፍለስ

veado

ዓጋዘን

alce

ሙስ

barragem

ግድብ

turbina eólica

ተርባይን ንፋስ

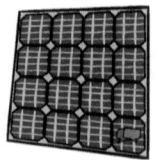

painel solar

ሶላር ስርሓት

clima

ኩነታት አየር

restaurante
ቤት-መግቢ

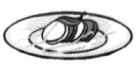

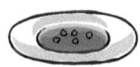

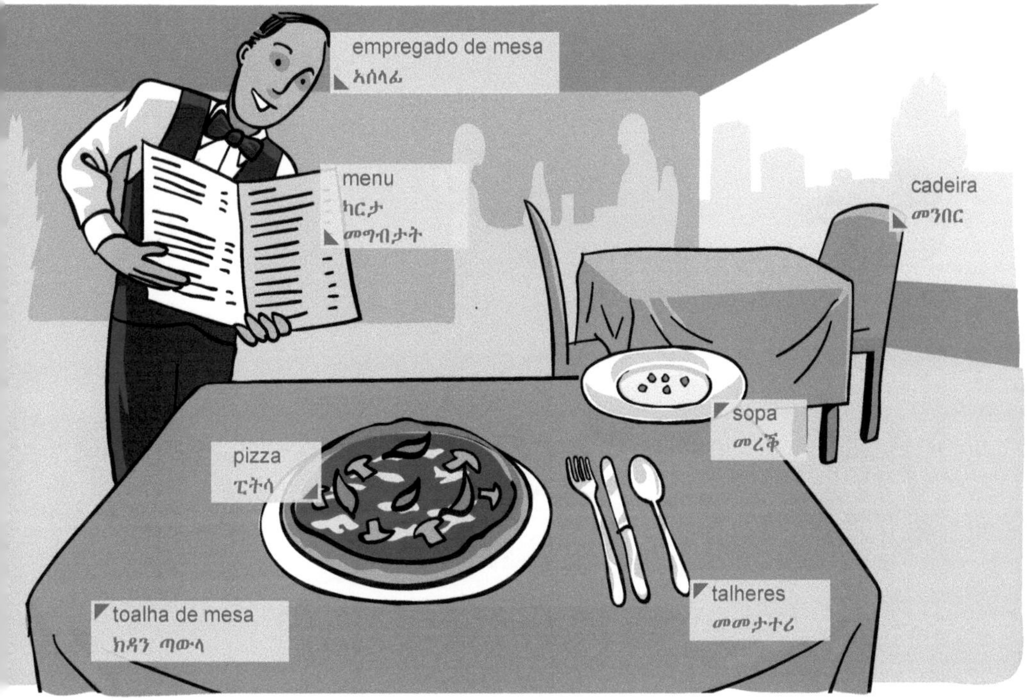
empregado de mesa
ኣሰላፊ
menu
ካርታ
መግብታት
cadeira
መንበር
sopa
መረቕ
pizza
ፒትሳ
talheres
መመታተሪ
toalha de mesa
ክዳን ጣውላ

entrada

ቅድመ ቀንዲ መግቢ

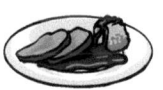

prato principal

ቀንዲ መኣዲ

sobremesa

ድሕረ መግቢ

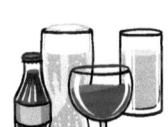

bebidas

መስተ

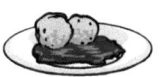

comida

መግቢ

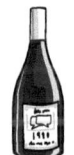

garrafa

ጥርሙዝ

fast food

ስሉጥ መግቢ.

comida de rua

መግቢ. ጽርግያ

bule de chá

ብርጭቆ ሻሂ

açucareiro

ታኒካ ሽኮር

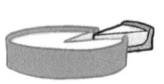

porção

ክፋል

máquina de café expresso

ማሺን ኤስፕረሶ

cadeira alta

ነዊሕ መንበር

conta

ጸብጻብ

bandeja

ታብለት

faca

ካራ

garfo

ፉርከታ

colher

ማንካ

colher de chá

ማንካ ሻሂ

guardanapo

ሰርቫየተ

copo

ብኬሪ

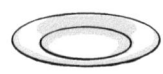

prato

ሸሓኒ

prato de sopa

ሸሓኒ መረቅ

pires

ትሕቲ ኩባያ

molho

ጸብሒ

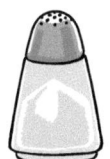

saleiro

ወሃቢ ጨው

moinho de pimenta

መጥሓን በርበረ

vinagre

ኣቾቶ

óleo

ዘይቲ

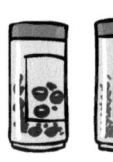

especiarias

ቀመም

ketchup

ከቹፕ

mostarda

ኣድሪ

maionese

ማዮኔዝ

supermercado

ሱፐርማርከት

oferta especial
ወፈያ
FOR
cliente
ዓሚል
laticínios
ፍርያታት ጸባ
fruta
ፍረታት
carrinho de compras
ሰረገላ ዱኳን

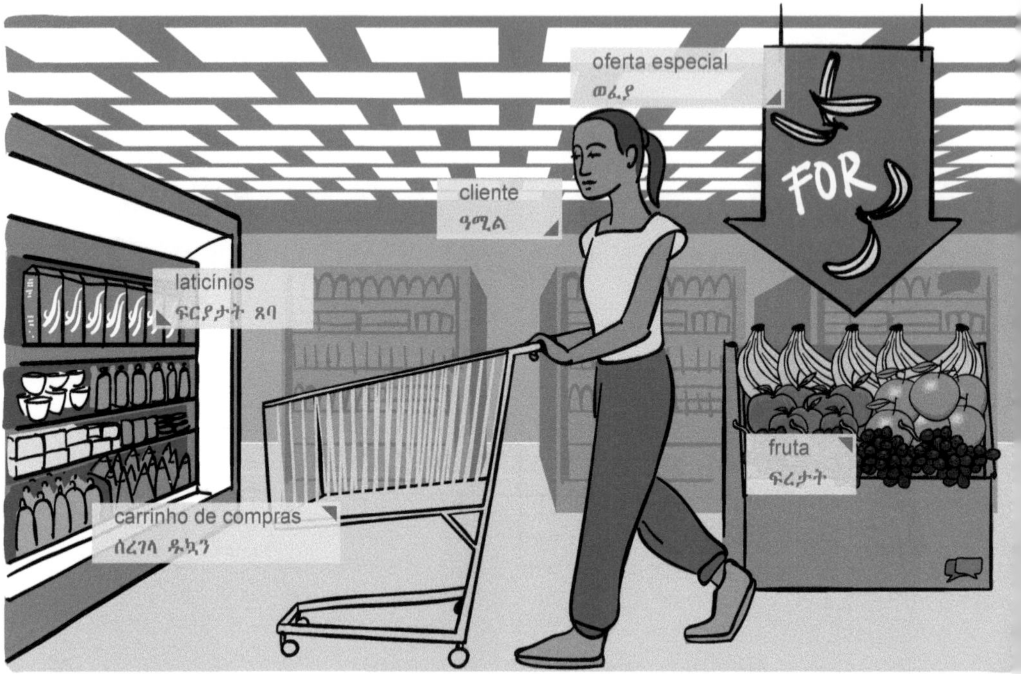

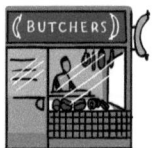

BUTCHERS

talho

 እንዳ ስጋ

BAKERY

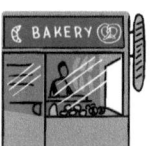

padaria

እንዳ ባኒ

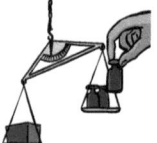

pesar

ክብደት

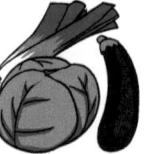

vegetais

ኣሕምልቲ

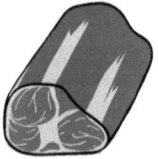

carne

ስጋ

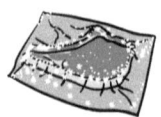

alimentos congelados

መግቢ ፍሪጅ በረድ

charcutaria

ዝሑል ቅሩብ መግቢ

comida enlatada

እስታጣላ

detergente em pó

አሞ

doces

ምቁር መግቢ

artigos domésticos

ዘቤታውያን አቕሑ

produtos de limpeza

ናውቲ መጽረዪ

vendedora

ሸቃጣይ

caixa

ካሳ

caixa

ተሓዝ ገንዘብ

lista de compras

ዝርዝር ምግዛእ

horário de funcionamento

ክፉት ሰዓታት

carteira

ማሕፉዳ

cartão de crédito

ክረዲት ካርድ

saco

ሳንጣ

saco de plástico

ፌስታል

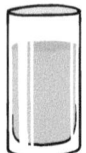

água

ማይ

sumo

ጅማቋ

leite

ጸባ

coca-cola

ኮላ

vinho

ነቢት

cerveja

ቢራ

álcool

አልኮል

cacau

ካካው

chá

ሻሂ

café

ቡን

café expresso

ኤስፕረሶ

capuccino

ካፑቺኖ

banana

ባናና

maçã

ቱፋሕ

laranja

አራንሺ

melão

ብርጭቆ

limão

ለሚን

cenoura

ካሮት

alho

ጾዕዳ ሽጉርቲ

bambu

ባምቡስ

cebola

ሽጉርቲ

cogumelo

ቅንጥሻ

nozes

ፉል

talharim

ፓስታ

esparguete

ስፓገቲ

arroz

ሩዝ

salada

ሰላጣ

batatas fritas

ቅልዋ ድንሽ

batatas fritas

ቅሉ‌ው ድንሽ

pizza

ፒትሳ

hambúrguer

ሃምቡርገር

sanduíche

ፓኒኖ

bife panado

ቢስተካ

fiambre

ሰለፍ ሓሰማ

salame

ሳላሚ

salsicha

ግዕዝም

galinha

ደርሆ

assado

ቀለወ

peixe

ዓሳ

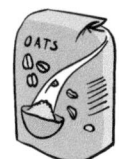

flocos de aveia

ገዓት

muesli

ሙስሊ

flocos de milho

ኮርንፍለይክስ

farinha

ሓርጭ

croissant

ክሮሶን

carcaça (pãozinho)

ባኒ

pão

ባኒ

torrada

ቶስት

biscoitos

ብሽኮቲ

manteiga

ጠስሚ

requeijão

ርጎኦ

bolo

ፓስተ

ovo

እንቋቍሖ

ovo estrelado

ቅሉው እንቋቍሖ

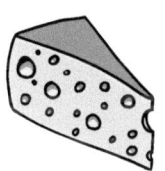

queijo

ፋርማጆ

gelado

አይስ ክሪም

açúcar

ሽኩር

compota

ጄም

creme de nougat

ኑጋት-ክሪም

caril

ኩሪ

quinta
ቤት ሕርሻ

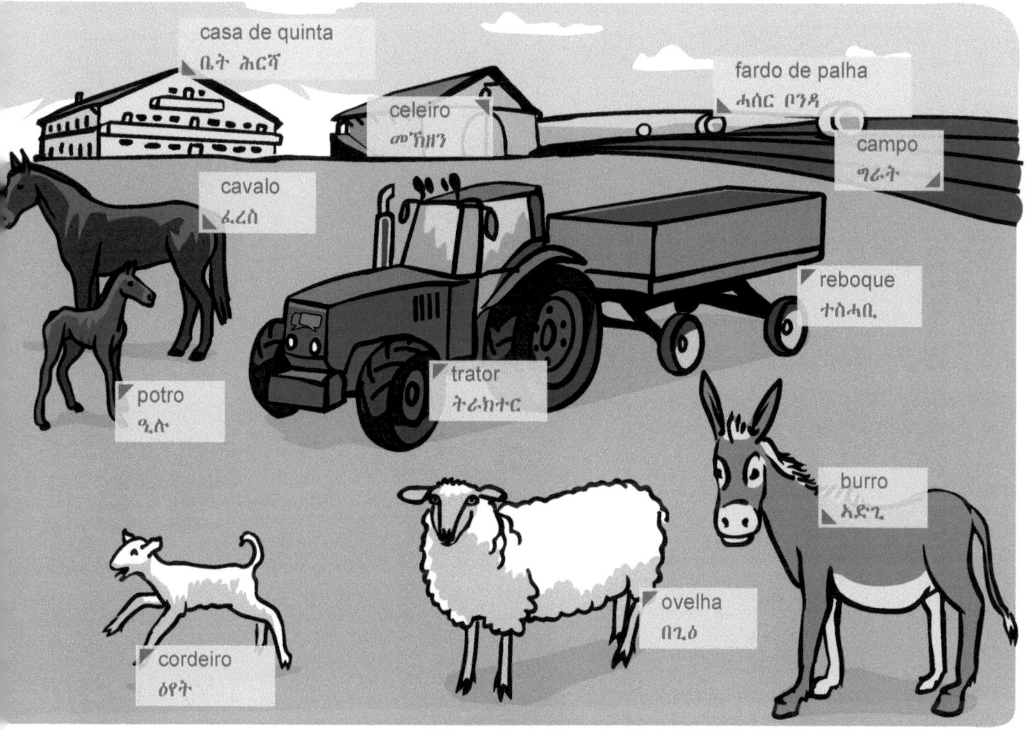

casa de quinta
ቤት ሕርሻ
fardo de palha
ሓሰር ቦንዳ
celeiro
መኽዘን
campo
ግራት
cavalo
ፈረስ
reboque
ተስሓቢ
trator
ትራክተር
potro
ዒሉ
burro
ኣድጊ
ovelha
በጊዕ
cordeiro
ዕየት

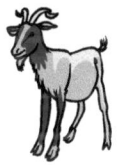

cabra

ጤል

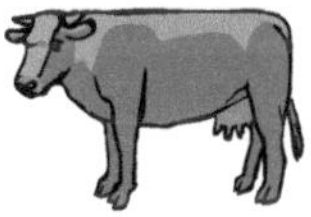

vaca

ብዕራይ

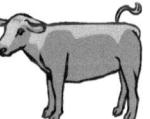

bezerro

ምራኽ

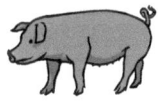

porco

ሓሰማ

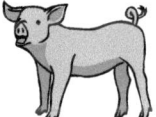

leitão

ውላድ ሓሰማ

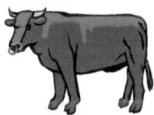

touro

ኣርሓ

ganso

ዓሳ

pato

ማይ ደርሆ

pintaínho

ጫቚ.ት

galinha

ደርሆ

galo

ኣርሓ ደርሆ

ratazana

ኣንጨዋ ዓባይ

gato

ድሙ

rato

ኣንጭዋ

boi

ብዕራይ

cão

ከልቢ

casota

ኣጉዶ ከልቢ

mangueira de jardim

ቱባ ጆርዲን

regador

መዝፈፈ ማይ

foice

ዓቢ ማዕጺድ

arado

ማሕረሻ

foice

ማዕጺድ

enxada

ጭኳሮ

forquilha

መስአ

machado

ፋስ

carrinho de mão

ዓረብያ ኢድ

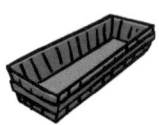

manjedoura

ጋብላ

jarro de leite

ብርጭቆ ጸባ

saco

ከሻ

cerca

ሓጹር

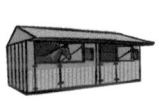

estábulo

መንሰስ

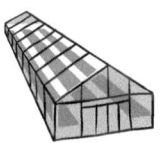

estufa

ቾጠልያ ገዛ

solo

ባይታ

semente

ዘርኢ

fertilizante

ድኹዒ

ceifeira-debulhadora

ዘጣምር ቀውዓይ

colher

ቀውዐ

colheita

ጸማ

inhame

ድንሽ ያም

trigo

ስርናይ

soja

ሶያ

batata

ድንሽ

milho

ዐፉን

colza

ራፕስ

árvore de fruto

ገረብ ፍረታት

mandioca

ማኒአክ

cereais

አእኻል

casa

ገዛ

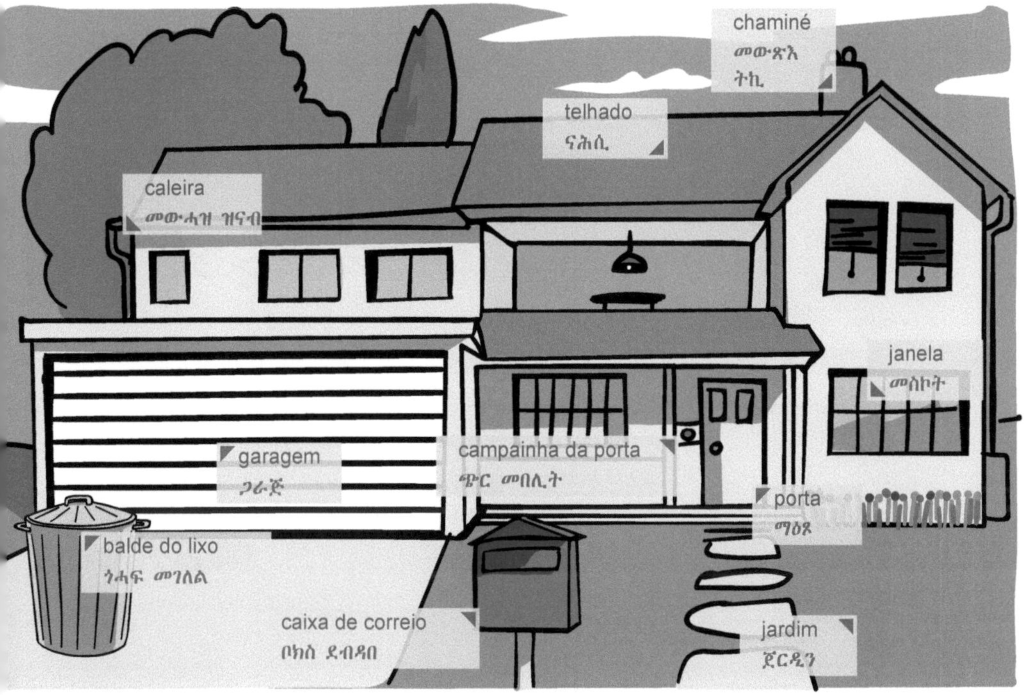

chaminé
መውጽእ ትኪ
telhado
ናሕሲ
caleira
መውሓዝ ዝናብ
janela
መስኮት
garagem
ጋራጅ
campainha da porta
ጭርር መበሊት
porta
ማዕጾ
balde do lixo
ጎሓፍ መገለል
caixa de correio
ቦክስ ደብዳበ
jardim
ጀርዲን

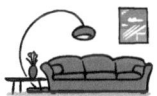

sala de estar

ክፍሊ ምቕማጥ

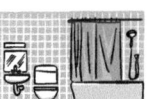

casa de banho

ክፍሊ ባንዮ

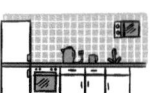

cozinha

ክሽነ

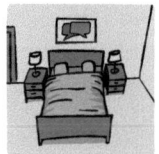

quarto de dormir

ክፍሊ መደቀሲ

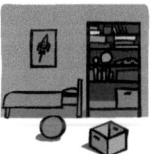

quarto de criança

ክፍሊ ቆልዑ

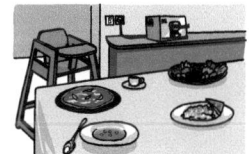

sala de jantar

መመገቢ ክፍሊ

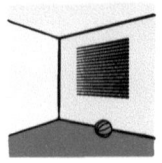

chão

ባይታ

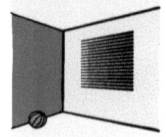

parede

መንደቅ

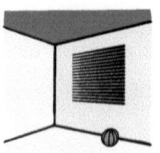

teto

ከፍታ

cave

ካንቲና

sauna

ሳውና

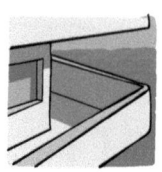

varanda

ባልኮን

terraço

ዛላ

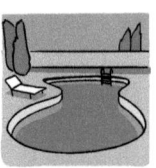

piscina

መሕምበሲ.

máquina de cortar relvado

መቝረጺ ሳዕሪ

lençol

አንሶላ ዓራት

cobertor

ከበርታ ዓራት

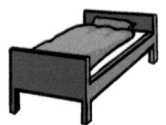

cama

ዓራት

vassoura

መኸስተር

balde

መገለል

interruptor

መወልዒት

sala de estar
ክፍሊ ምቕማጥ

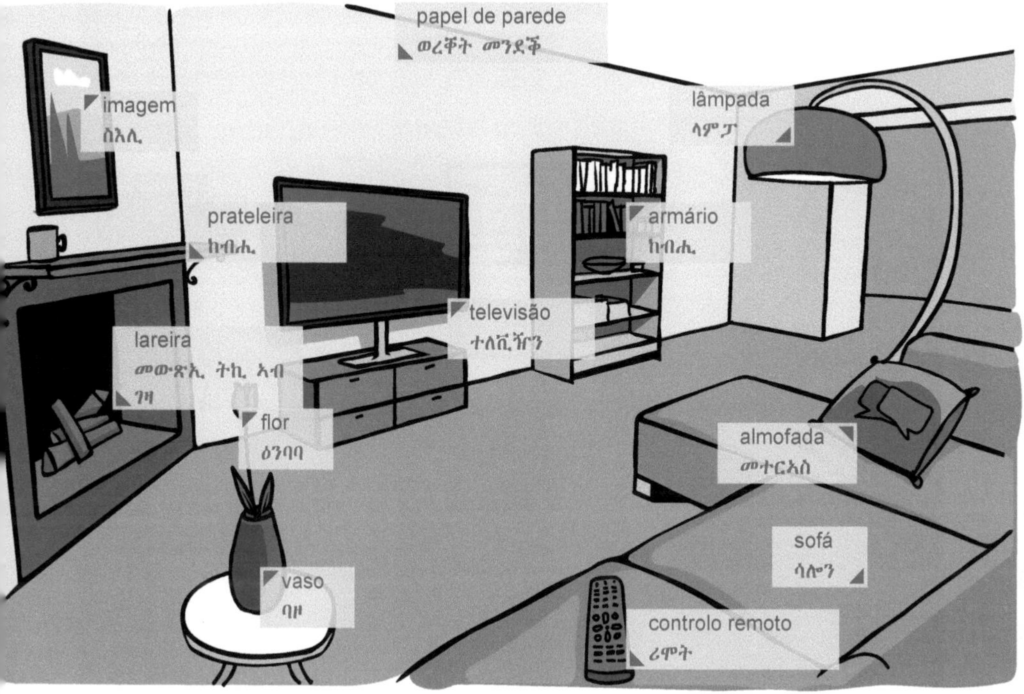
papel de parede
ወረቐት መንደቕ
imagem
ስእሊ
lâmpada
ላምፓ
prateleira
ከብሒ
armário
ከብሒ
televisão
ተለቪዥን
lareira
መውጽኢ ትኪ ኣብ ገዛ
flor
ዕንባባ
almofada
መተርኣስ
sofá
ሳሎን
vaso
ባዞ
controlo remoto
ሪሞት

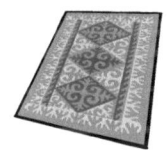

tapete
....
መንጸፍ

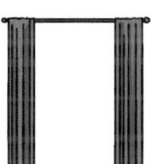

cortina
....
መጋረጃ

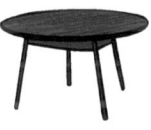

mesa
....
ጣውላ

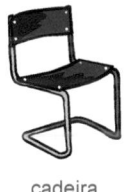

cadeira
....
መንበር

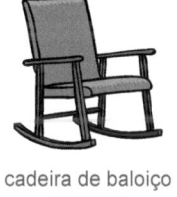

cadeira de baloiço
....
ሰለል ዝብል መንበር

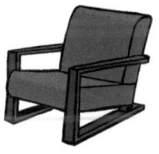

poltrona
....
መንበር ምቹእ

livro

መጽሓፍ

cobertor

ከበርታ

decoração

ስልማት

lenha

እንጨይቲ ሓዊ

filme

ፊልም

sistema estéreo

ስተረዮ

chave

መፍትሕ

jornal

ጋዜጣ

pintura

ቅብኣ

póster

ፖስተር

rádio

ሬድዮ

bloco de notas

ጥራዝ

aspirador

መልገሲ. ደርና

cato

በለስ

vela

ሽምዓ

cozinha

ክሽነ

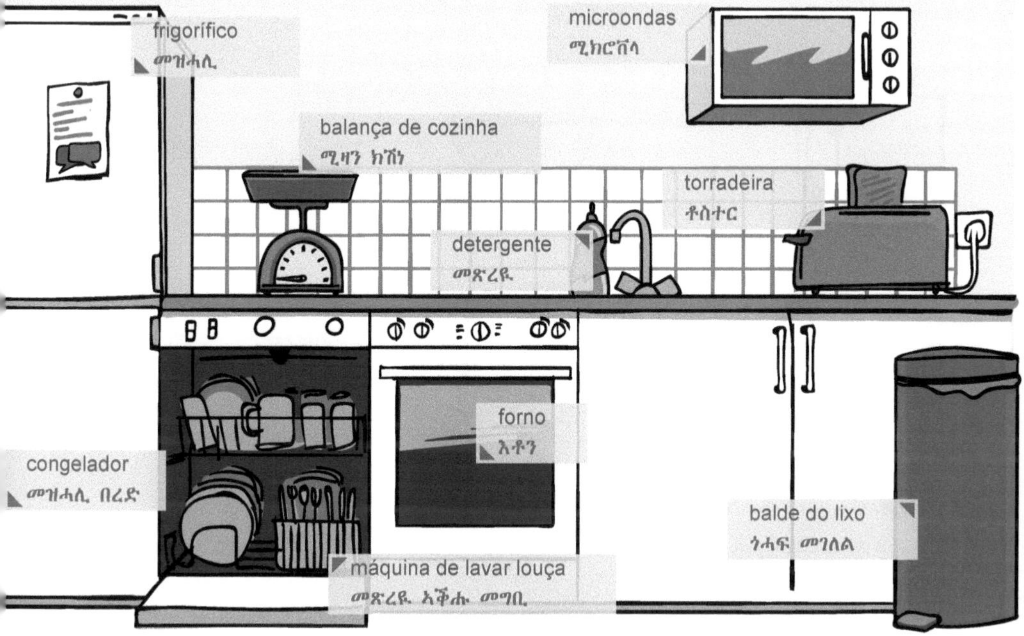

frigorífico
መዝሓሊ
microondas
ሚክሮቨላ
balança de cozinha
ሚዛን ክሽነ
torradeira
ቶስተር
detergente
መጽረዪ
forno
እቶን
congelador
መዝሓሊ በረድ
balde do lixo
ጎሓፍ መገለል
máquina de lavar louça
መጽረዪ ኣቕሑ መግቢ

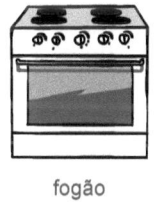

fogão

መኽሸኒ

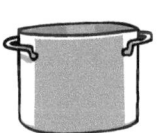

panela

ድስቲ

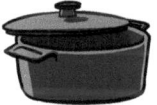

panela de ferro

ድስቲ ሓጺን

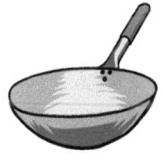

wok / kadai

ቮክ/ካዳይ

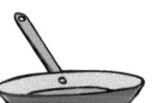

frigideira

ባደላ

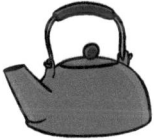

chaleira

መውዓዪ ማይ

panela a vapor

መፍልሒ

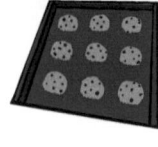

tabuleiro de forno

ጎንቴራ ምስንካት

louça

ኣቝሑ መግቢ

caneca

ብርጭቆ

tigela

ጭሓሎ

pauzinhos

ማንካቺና

concha de sopa

ማንካ መረቕ

espátula

መገልበጢ ባደላ

batedor de claras

መኸስተር ውርጪ

escorredor

መንፊት መግቢ

peneira

መንፊት

ralador

መፋሕፍሒ

almofariz

ምርታር

churrasqueira

ባርቢክዩ

lareira

ስፍራ ሓዊ

tábua de cortar

እንጨይቲ ምምታር

rolo da massa

እንጨይቲ ኩረር

saca-rolhas

መኽፈት ቡሽ

lata

ታኒካ

abridor de latas

መኽፈቲ ታኒካ

luvas de forno

ጨርቂ ድስቲ

lava-loiça

ቡምባ

escova

ኣስባስላ

esponja

ሰፍነግ

liquidificador

ሓዋሲ ኣደባላጀ

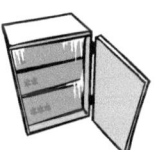

arca frigorífica

መዝሓሊ በረድ

biberão

ጥርሙዝ ማማይ

torneira

ቡምባ ማይ

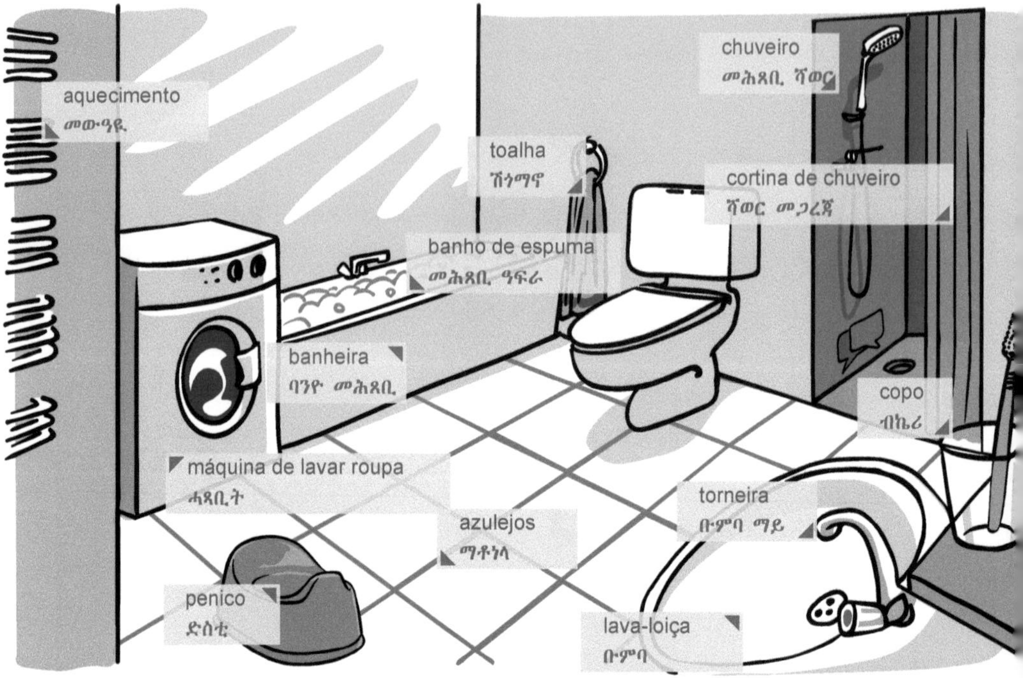

chuveiro
መሕጸቢ ሻወር

aquecimento
መውዓዪ

toalha
ሽጎማሞ

cortina de chuveiro
ሻወር መጋረጃ

banho de espuma
መሕጸቢ ዓፍራ

banheira
ባንዮ መሕጸቢ

copo
ብኬሪ

máquina de lavar roupa
ሓጻቢት

torneira
ቡምባ ማይ

azulejos
ማቶነላ

penico
ድስቲ

lava-loiça
ቡምባ

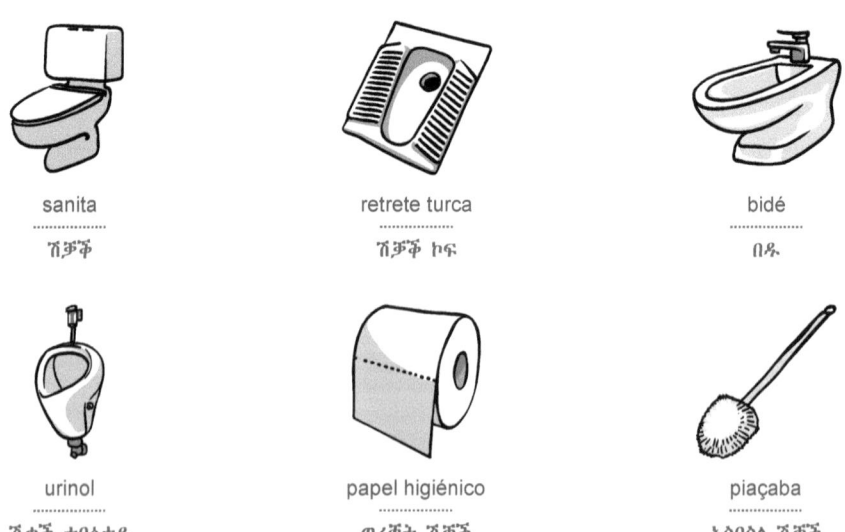

sanita	retrete turca	bidé
ሽቓቕ	ሽቓቕ ኮፍ	በዱ
urinol	papel higiénico	piaçaba
ሽቓቕ ተባዕታይ	ወረቐት ሽቓቕ	ኣስባስላ ሽቓቕ

escova de dentes

አስባስላ ስኒ

pasta de dentes

ክሬማ ስኒ

fio dentário

ሃሪ ስኒ

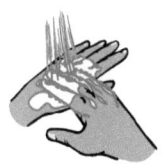

lavar

ሓጸብ

chuveiro de mão

ዱሽ ኢድ

duche íntimo

ዱሽ

bacia

ብርጭቆ ምሕጸብ

escova para as costas

አስባስላ ሕቖ

sabonete

ሳምና

gel de banho

ሻወር ጀል

champô

ሻምፑ

toalha de rosto

ጨርቂ መሕጸቢ

escoamento

መውሓዚ

creme

ክሬማ

desodorizante

ደዮ ጨና

espelho

መስትያት

espelho de mão

ናይ ኢድ መስትያት

máquina de barbear

መላጸ

creme de barbear

ዓፍራ ምልጸይ

loção pós-barba

ጨና ድሕሪ ምልጸይ

pente

መመሽጥ

escova

አስባስላ

secador de cabelo

መንቐጺ ጸግሪ

spray de cabelo

ስፕረይ ጸግሪ

maquilhagem

መመላኽዒ

batom

ብርዒ ቀለም ከንፈር

verniz de unhas

አዝማልቶ

algodão

ጸምሪ ጡጥ

tesoura para unhas

መስደዲ ጽፍሪ

perfume

ጨና

nécessaire

ሳንጣ መሕጸቢ

tamborete

ድኳ

balança

ሚዛን

roupão de banho

ክዳን መሕጸቢ

luvas de borracha

ጎንቲ መጸረዪ

tampão

ታምፖን

penso higiénico

ጨርቂ ሰበይቲ

WC químico

ሽቓቕ ከሚስትሪ

quarto de criança

ክፍሊ ቆልዑ

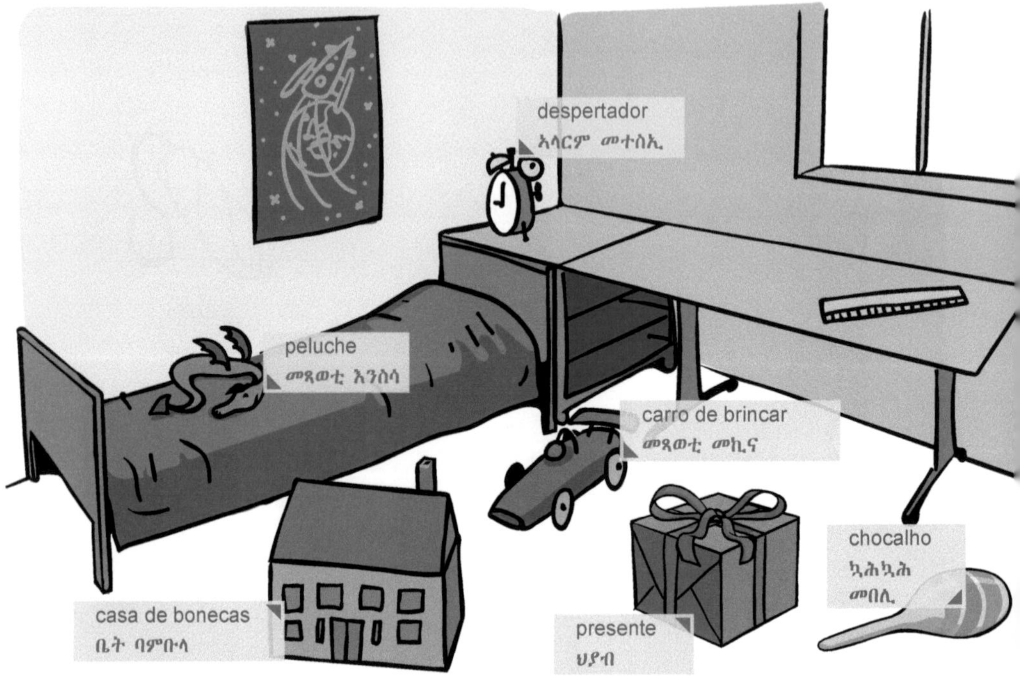
despertador
ኣላርም መተስኢ
peluche
መጻወቲ እንስሳ
carro de brincar
መጻወቲ መኪና
chocalho
ኳሕኳሕ መበሊ
casa de bonecas
ቤት ባምቡላ
presente
ህያብ

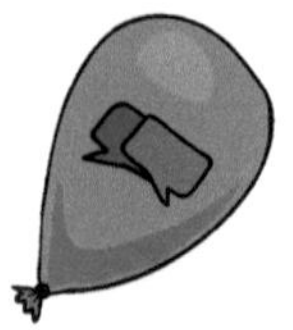

balão

ባላንችና

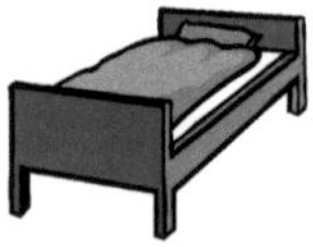

cama

ዓራት

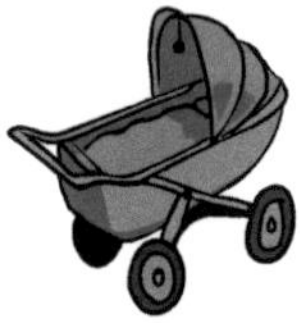

carrinho de bebé

ሰረገላ ህጻን

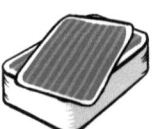

jogo de cartas

ጸወታ ካርታ

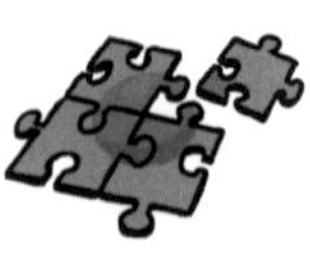

quebra-cabeças

ሕንቅሊተይ

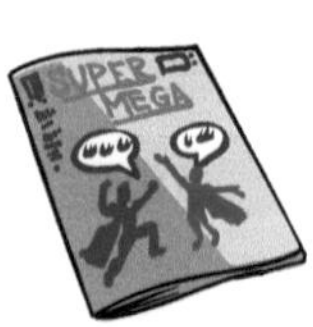

banda desenhada

ኮሜዲ

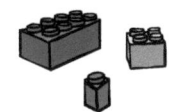

peças de Lego

እምንታት መጻወቲ ለጎ

blocos de construção

መጻወቲ እምንታት

figura de ação

በዓል አክቾን

fato de bebé

ክዳን ማማይ

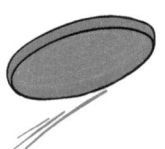

Frisbee

ፍሪስቢ

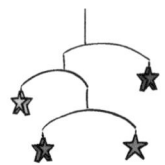

móbile para bebé

ሞባይል ማማይ

jogo de tabuleiro

ጸወታ ሰሌዳ

dados

ኩቦ

pista de comboio elétrico

ሞደል ባቡር ምድሪ

chupeta

ዓባስ

festa

ፓርቲ

livro ilustrado

መጽሓፍ ስእሊ

bola

ኩዕሶ

boneca

ባምቡላ

jogar

ተጻወተ

caixa de areia

መጻወቲ ሐጻ

baloiço

ሰላል

brinquedos

መጻወቲታት

consola de jogos

ኮንሶል ቪድዮ

triciclo

መጻወቲ ሰለስተ መንኮርኮር

ursinho de peluche

ተዲ

guarda-roupa

ከብሒ ክዳን

meias

ካልስታት

meias pelo joelho

ነዊሕ ካልስታት

meias-calças

ስረ ካልሲ

cachecol
ሻርባ

guarda-chuva
ጽላል

t-shirt
ማልያ

cinto
ቁልፊ

botas
ረፋዕ

chinelos
ጫማ ገዛ

sapatilhas
ስኒከርስ

sandálias
ሽበጥ

sapatos
ጫማ

botas de borracha
ረፋዕ ጎማ

cuecas
ሙ.ታንታ

sutiã
ክዳን ጡብ

camisola interior
ትሕተ ካሚቻ

body

ቦዲ

calças

ስረ

calças de ganga

ጂንስ

saia

ቀሚሽ

blusa

ካምቻ

camisa

ካሚቻ

pulôver

ጉልፎ

camisola com capuz

ጎልፎ

blazer

ጃኬት

casaco

ጃከት

manto

ጁባ

gabardina

ክዳን ዝናብ

traje

ኮስቱም

vestido

ቀሚሽ

vestido de casamento

ቀሚሽ መርዓ

46   vestuário - ክዳን

fato

ልብሲ.

camisa de dormir

ካሚቻ ለይቲ

pijama

ክዳን ለይቲ

sari

ሳሪ

lenço de cabeça

መሃረብ ርእሲ.

turbante

ቱርባን

burca

ቡርካ

cafetã

ካፍታን

abaya

አባያ

fato de banho

ክዳን መሕምበሲ.

calções de banho

ስረ መሕምበሲ.

calções

ሓጺር ስረ

fato de treino

ክዳን ታዕሊም

avental

በጃ ክዳን

luvas

ጓንቲ

botão

መልጎም

óculos

መነጽር

pulseira

በንናጅር

colar

ማዕተብ

anel

ቀለበት

brinco

ኩትሻ

boné

ቆብዕ

cabide

መንበሪ ጆባ

chapéu

ባርኔጣ

gravata

ካርራ‐ቫት

fecho de correr

ሻርነጣ

capacete

ሀልመት

suspensórios

መድልደል ስረ

uniforme escolar

ድቢዛ ቤትትምህርቲ

uniforme

ድቢዛ

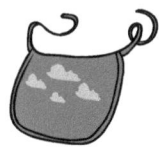

babete

ሰደርያ ቆልዓ

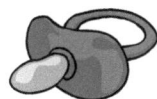

chupeta

ዓባስ

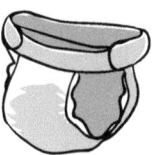

fralda

ጨርቂ ማማይ

escritório

ቤት ጽሕፈት

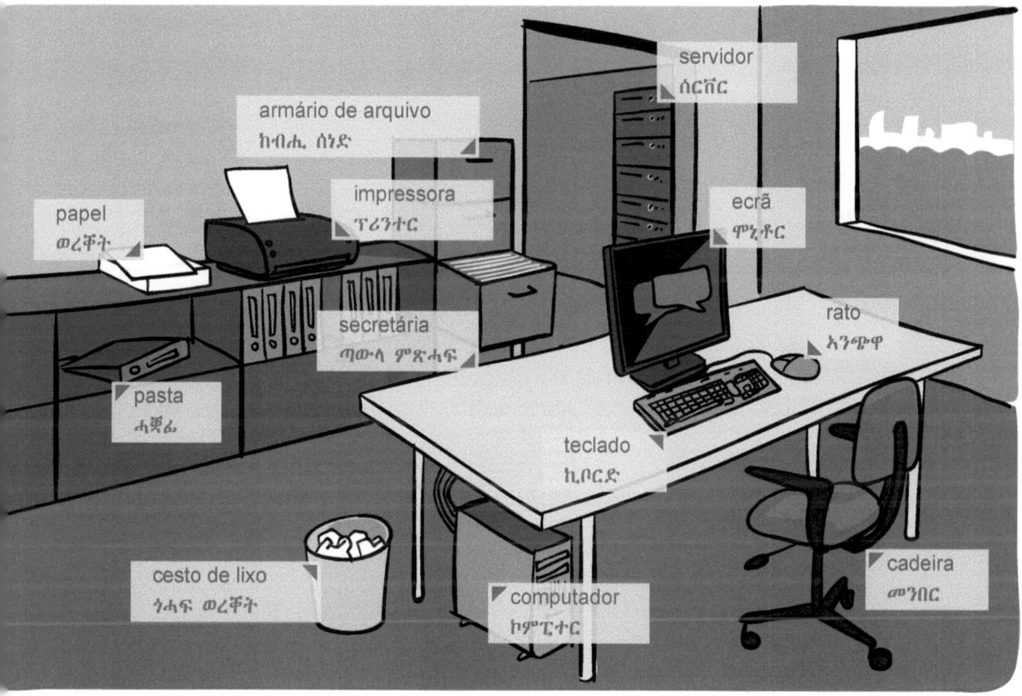

servidor
ሰርቨር
armário de arquivo
ከብሒ ሰነድ
impressora
ፕሪንተር
papel
ወረቐት
ecrã
ሞኒቶር
rato
ኣንጭዋ
secretária
ጣውላ ምጽሓፍ
pasta
ሓቖፊ
teclado
ኪቦርድ
cesto de lixo
ጎሓፍ ወረቐት
computador
ኮምፒተር
cadeira
መንበር

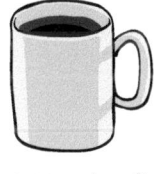

caneca de café

ብርጭቆ ቡን

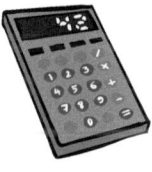

calculadora

ካልኩለተር

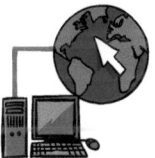

internet

ኢንተርነት

computador portátil

ለፕቶፕ

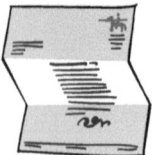

carta

ደብዳበ

mensagem

መልእኽቲ

telemóvel

ሞባይል

rede

ነትወርክ/መርበብ

fotocopiadora

መቕድሒ ፎቶኮፒ

software

ሶፍትዌር

telefone

ተለፎን

tomada elétrica

ሶከት ኳረንቲ

fax

ፋክስ

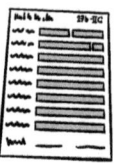

formulário

ፎርም

documento

ሰነድ

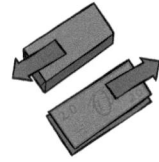

comprar

ገዝአ

pagar

ከፈለ

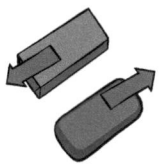

negociar

ንግዴ

dinheiro

ገንዘብ

USD

dólar

ዶላር

EUR

euro

አይሮ

JPY

yen

የን

RUB

rublo

ሩብል

CHF

franco suíço

ስዊዝ ፍራንከን

CNY

renminbi yuan

ረንሚንቢ ዩዋን

INR

rupia

ሩፕየ

caixa de multibanco

መውጽኢ ማሺን ገንዘብ

casa de câmbio

ቦታ ቅያር ገንዘብ

ouro

ወርቂ

prata

ብሩር

petróleo

ዘይቲ

energia

ሓይሊ

preço

ዋጋ

contrato

ውዕል

imposto

ቀረጽ

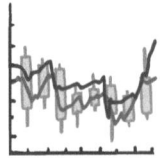

ação

እኩብ ጥረ-ነገራት

trabalhar

ሰርሐ

empregado

ሰራሕተኛ

entidade patronal

ኣስራሒ

fábrica

ትካል

loja

ዱኳን

agricultura - ቍጠባ

agente da polícia
በዓል ፖሊስ

bombeiro
መጠፊኢ ሓዊ

cozinheiro
ከሻኒ

médico
ሓኪም

piloto
መራሒ ነፋሪት

jardineiro

ሰራሕተኛ ጀርዲን

carpinteiro

ጸራቢ ዕንጸይቲ

costureira

ሰፋይት

juiz

ፈራዳይ

químico

ቀማሚ

ator

ተዋሳኢ

motorista de autocarro

መራሒ አዉቶቡስ

motorista de táxi

አውቲስታ ታክሲ

pescador

ገፋፊ ዓሳ

empregada de limpeza

ጸራጊት

telhador

ሃናጻይ ናሕሲ

empregado de mesa

አሰላፊ

caçador

ሃዳናይ

pintor

ሰኣላይ

padeiro

እንዳ ሕብስቲ

eletricista

ኤለትሪከኛ

construtor

ሃናጺ አባይቲ

engenheiro

ሃንዳሲ

talhante

ሰራሕተኛ እንዳ ስጋ

canalizador

ድራብሊኮ

carteiro

አማላላሲ ፖስጣ

soldado

ወተሃደር

arquiteto

መሃንድስ

caixa

ተሓዝ ገንዘብ

florista

ሰራሕተኛ ዕምባባ

cabeleireiro

ቀም ቃማይ

controlador de bilhetes

ፈተሪኖ

mecânico

መካኒክ

capitão

መራሒ መርከብ

dentista

ሓኪም ስኒ

cientista

ተመራማሪ

rabino

ራቢ

imã

ኢማም

monge

ፈላሲ

pastor

ቀሺ

ferramentas

ናውቲ

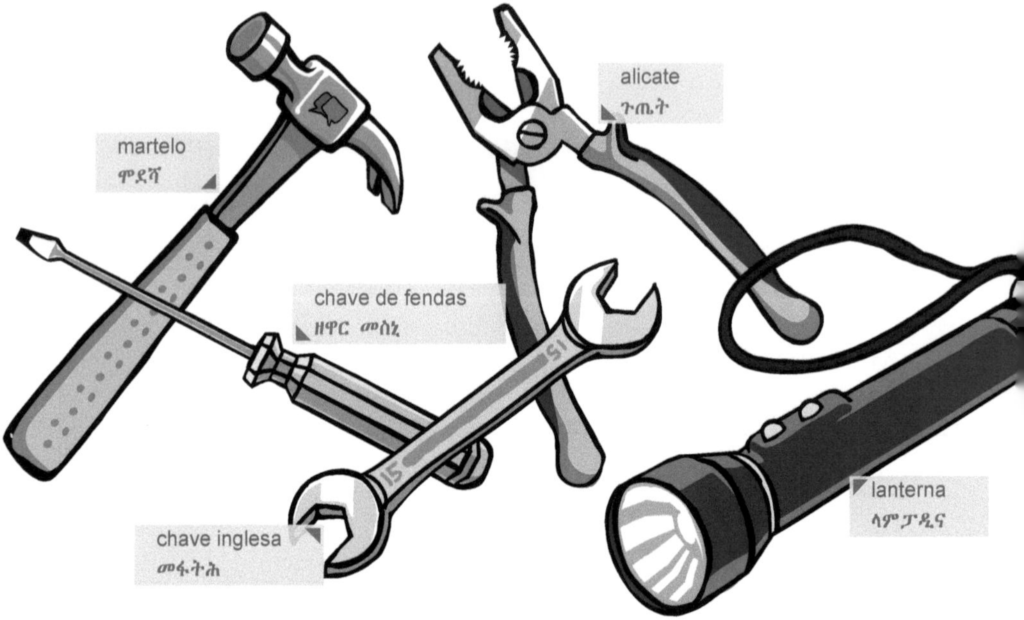

martelo
ሞደሻ
alicate
ጉጤት
chave de fendas
ዘዋር መስኒ
chave inglesa
መፋትሕ
lanterna
ላምፓዲና

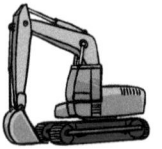

escavadora

ፈሓሪ

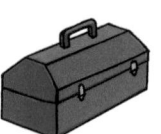

caixa de ferramentas

ናውቲ ቦክስ

escadote

መደያይቦ

serra

መጋዝ

pregos

መስማር

broca

ኰዓቲ

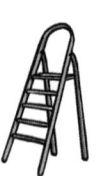

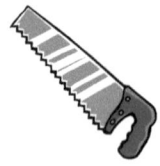

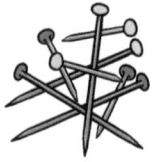

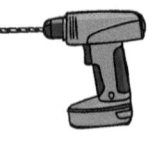

reparar

ምዕራይ

pá

ባደላ

porcaria!

አይ!

pá de lixo

መትሓዚ ዶሮና

pote de tinta

ድስቲ ቀለም

parafusos

ካቻቢተ

instrumentos musicais

መሳርሒ ሙዚቃ

bateria
ከበሮታት

altifalante
እስፒከር

contrabaixo
ረጉድ ዓባይ
ጊታር

trompete
ትሮምፐት

guitarra
ጊታር

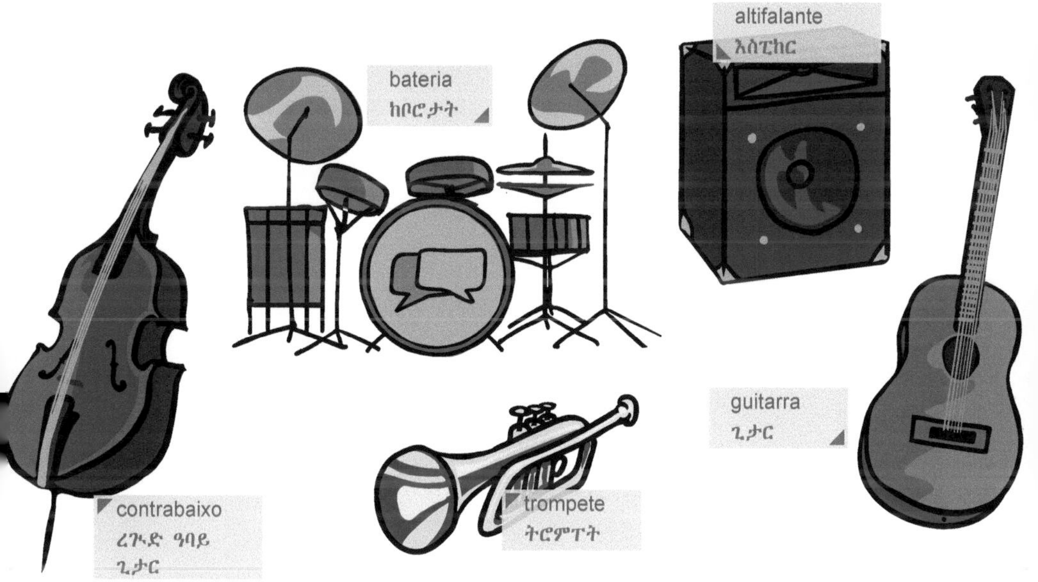

piano

ፒያኖ

violino

ቪዮሊን

baixo

ባስ ጊታር

timbales

ቲምንኢ

tambor

ከበሮ

teclado

ኦርጋን

saxofone

ሳክሶፎን

flauta

ሻምብቆ

microfone

ሚክሮፎን

entrada
መእተዊ

tigre
ነብር

gaiola
ነብያ

zebra
አድጊ በረኻ

ração animal
መግቢ እንስሳ

panda
ፓንዳ

animais

እንስሳታት

elefante

ሓርማዝ

canguru

ካንጋሩ

rinoceronte

ሓሪሽ

gorila

ጐሪላ

urso

ድቢ

camelo

ገመል

avestruz

ሰገን

leão

አንበሳ

macaco

ህበይ

flamingo

ፍላሚንጎ

papagaio

ሕንጻይ

urso polar

ድቢ በረድ

pinguim

ፐንጉን

tubarão

ከልቢ ዓሳ

pavão

ጣውስ

cobra

ተመን

crocodilo

ሓርገጽ

guarda do jardim zoológico

ሓላዊ ቤት ገርድሽ

foca

ዓሳ ዚምገብ እንስሳ ባሕሪ

jaguar

ጃንር

pónei

ሓጹር ፈረስ

leopardo

ነብሪ

hipopótamo

ጉማሪ

girafa

ጂራፍ

águia

ሊላ

javali

መፍለስ

peixe

ዓሳ

tartaruga

ጎብየ

morsa

ዋልሩስ

raposa

ወኻርያ

gazela

ሰስሓ

futebol americano
ናይ አሜሪካ ኩዕሶ እግሪ

ciclismo
ምዝዋር ብሽግላቑ

ténis
ተኒስ

basquetebol
ባስከትባል

natação
ምሕምባስ

hóquei no gelo
ሆኪ በረድ

boxe
ቦክሲንግ

futebol	badminton	atletismo
ኩዕሶ እግሪ	ባድሚንቶን	እስፖርታዊ ንጥፈታት

andebol	esqui	polo
ኩዕሶ ኢድ	ስኪ	ፖሎ

saltar
ነጠረ

rir
ሰሓቐ

abraçar
ሓቖፈ

andar
ከደ

cantar
ደረፈ

sonhar
ሓለመ

rezar
ጸለየ

beijar
ሰዓመ

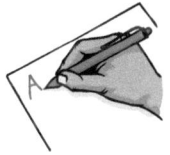

escrever
ጸሓፈ

desenhar
ሰኣለ

mostrar
ኣርኣየ

empurrar
ደፍአ

dar
ሃበ

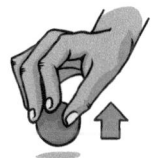

tomar
ወሰደ

ter

አለው

fazer

ገበረ

ser

ኮነ

ficar de pé

ጠጠው በለ

correr

ጎየየ

puxar

ሰሓበ

remessar

ሰንደወ

cair

ወደቐ

deitar

ሓሰወ

esperar

ተጸበየ

carregar

ሰከም

sentar

ኮፍ በለ

vestir

ተኽድነ

dormir

ደቀሰ

acordar

ተስአ

olhar para

ረአየ

chorar

በኸየ

acariciar

ብአጻብዑ ደረዘ

pentear

መሾጠ

falar

ተዛረበ

compreender

ተረድአ

perguntar

ሓተተ

ouvir

ሰምዐ

beber

ሰተየ

comer

በልዐ

arrumar

አቐመጠ

amar

አፍቀረ

cozinhar

ከሸነ

conduzir

ዘወረ

voar

ነፈረ

velejar

ብመርከብ ገየሽ

calcular

ደመረ

ler

አንበበ

aprender

ተመሃረ

trabalhar

ሰርሐ

casar

መርዓወ

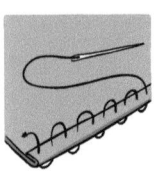

costurar

ሰፈየ

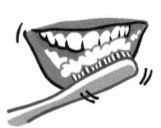

escovar os dentes

ጽሬት አስናን

matar

ቀተለ

fumar

ሽጋራ ተከኸ

enviar

ሰደደ

avó
ዓባየ

avô
አቦሓጎ

pai
አቦ

mãe
ኣደ

bebé
ማማይ

filha
ጓል

filho
ወዲ

convidado

ጋሻ

tia

ሓትኖ

tio

አኮ

irmão

ሓው

irmã

ሓፍቲ

corpo
ኣካላት

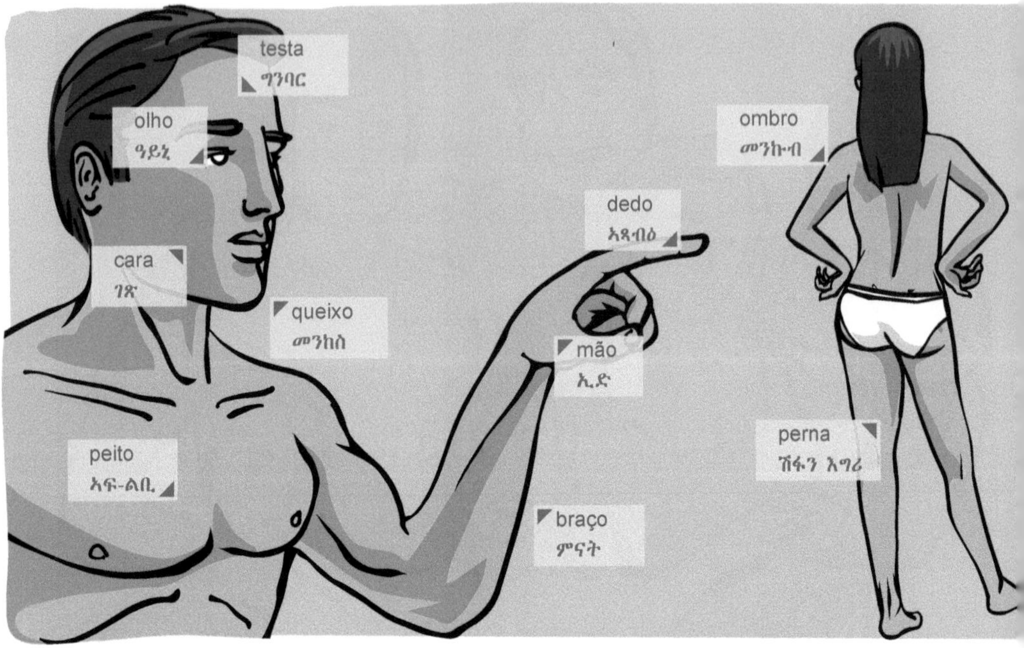

testa
ግንባር
olho
ዓይኒ
ombro
መንኩብ
dedo
ኣጻብዕ
cara
ገጽ
queixo
መንከስ
mão
ኢድ
perna
ሽፋን እግሪ
peito
ኣፍ-ልቢ
braço
ምናት

bebé
ማማይ

homem
ሰብኣይ

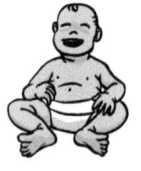

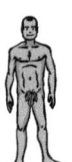

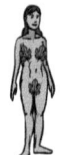

mulher
ሰበይቲ

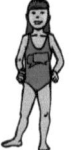

menina
ጓል

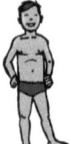

menino
ወዲ

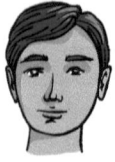

cabeça
ርእሲ

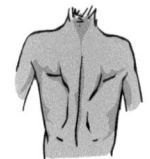

costas

ሕቖ

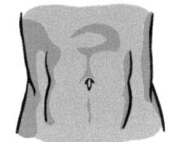

barriga

ከስዐ

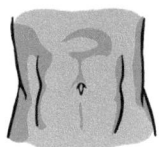

umbigo

ሕምብርቲ

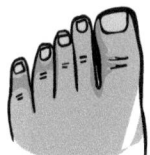

dedo do pé

ኣጻብዕ እግሪ

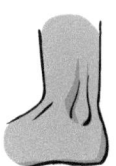

calcanhar

ኩርኵረ

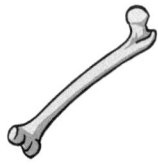

osso

ዓጽሚ

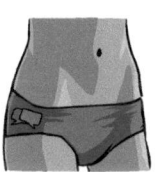

anca

ምሕኩልቲ

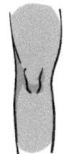

joelho

ብርኪ

cotovelo

ፍግፍጕ

nariz

ኣፍንጫ

nádegas

መዓኮር

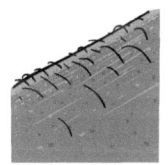

pele

ቆርበት

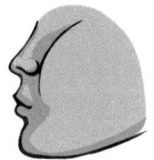

bochecha

ምዕጉርቲ

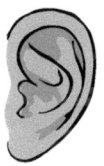

orelha

እዝኒ

lábio

ከንፈር

boca

አፍ

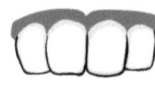

dente

ስኒ

língua

መልሓስ

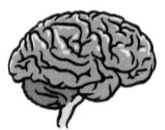

cérebro

ሓንጎል

coração

ልቢ

músculo

ጭዋዳ

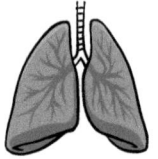

pulmão

ሳንቡእ

fígado

ጸላም ከብዲ

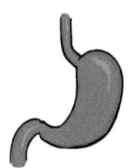

estômago

ከብዲ

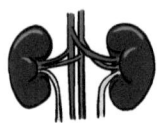

rins

ኩሊት

relações sexuais

ግብረ ስጋ

preservativo

ኮንዶም

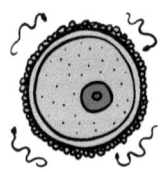

óvulo

እንቋቑሖ

esperma

ዘርኢ ተባዕታይ

gravidez

ጥንሲ

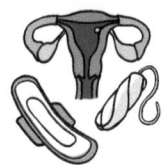

menstruação

ድግያት

vagina

ርሕሚ

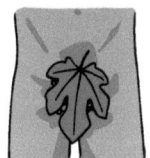

pénis

መትሎ

sobrancelha

ሽፋሽፍቲ

cabelo

ጸጉሪ

pescoço

ክሳድ

hospital

ሆስፒታል

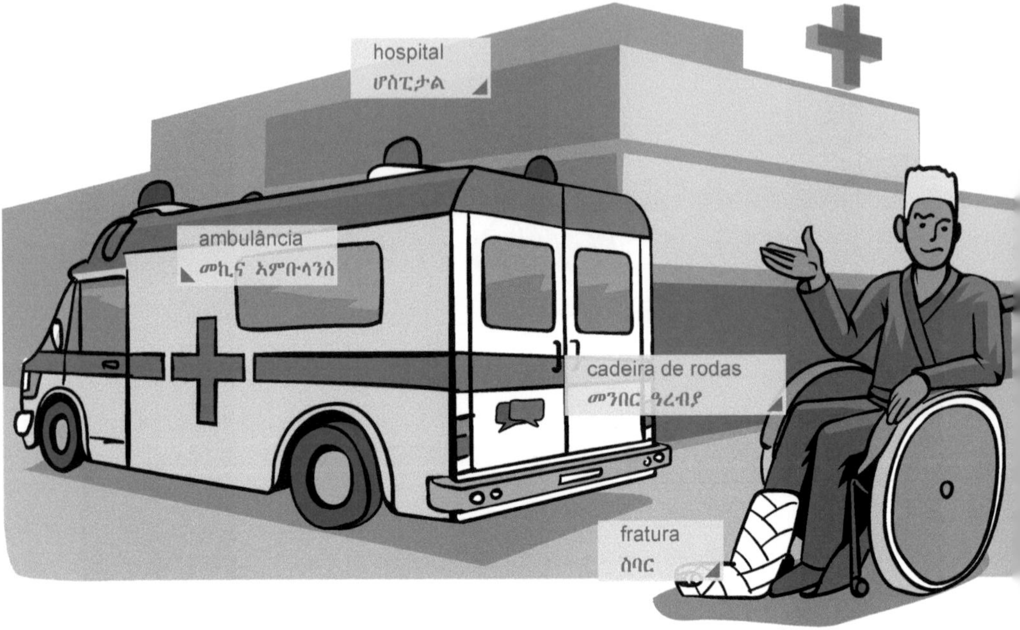

hospital
ሆስፒታል
ambulância
መኪና አምቡላንስ
cadeira de rodas
መንበር ዓረብያ
fratura
ስባር

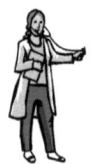

médico

ሓኪም

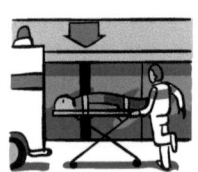

serviço de urgências

ክፍሊ ህጹጽ ረድኤት

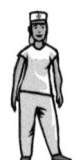

enfermeira

ኣላይት

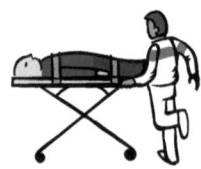

emergência

ህጹጽ ኩነት

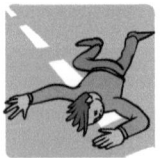

inconsciente

ውነኡ ዘጥፍአ

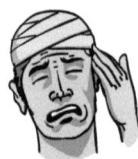

dor

ቃንዛ

ferimento

ጉድኣት

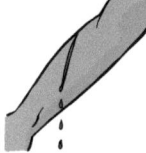

hemorragia

ደም

ataque cardíaco

ማህረምቲ

acidente vascular cerebral

ማህረምቲ

alergia

ኣለርጂ

tosse

ሰዓል

febre

ረስኒ

gripe

ኡንፍልወንዛ

diarreia

ውጽኣት

dor de cabeça

ቃንዛ ርእሲ

cancro

መንሽሮ

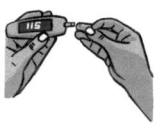

diabetes

ሹኮርያ

cirurgião

ሓኪም መጥባሕቲ

bisturi

መጥብሒ

operação

መጥባሕቲ

CT

CT

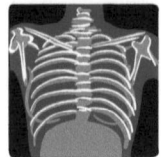

raio x

ራጂ

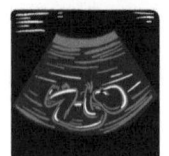

ultrassom

ልዕለ ድምጻዊ

máscara

መሸፈኒ ገጽ

doença

ሕማም

sala de espera

ክፍሊ ምጽባይ

muleta

ምርኩስ

penso rápido

መጀነኒ ቍስሊ

ligadura

መጀነኒ

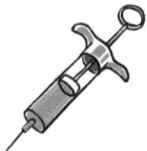

injeção

መርፍዕ ምውጋእ

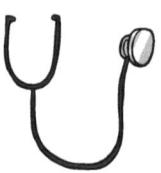

estetoscópio

ስተቶስኮፕ

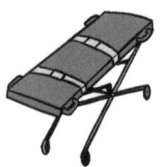

maca

መሰከሚ ሕማም

termómetro

ቴርሞመተር

nascimento

ትውልዲ

excesso de peso

ልዕለ-ሚዛን

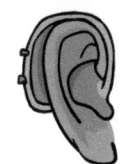

aparelho auditivo

ሓገዝ ምስማዕ

desinfetante

ኣንጻሂ

infeção

ልበዳ

vírus

ቫይረስ

HIV / SIDA

ኤድስ

medicamento

ሕክምና

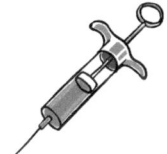

vacinação

ክታብ

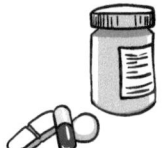

comprimidos

ከኒና

pílula

ከኒና

chamada de emergência

ህጹጽ ምድዋል

dispositivo de medição de
pressão arterial

መዕቀኒ ጸቕጢ ደም

doente / saudável

ሕሙም / ጥዑይ

Socorro!

ሓገዝ

alarme

ኣላርም

assalto

ምህጃም

ataque

መጥቃዕቲ

perigo

ድንገት

saída de emergência

ህጹጽ መውጽኢ

Fogo!

ሓዊ!

extintor de incêndios

መጥፍኢ ሓዊ

acidente

ሓደጋ

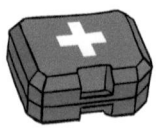

estojo de primeiros socorros

ሳንጣ ቀዳማይ ረድኤት

SOS

SOS

polícia

ፖሊስ

Europa

ኤውሮጳ

América do Norte

ሰሜን አመሪካ

América do Sul

ደቡብ አመሪካ

África

አፍሪቃ

Ásia

ኤስያ

Austrália

አውስትራልያ

Atlântico

አትላንቲክ

Pacífico

ፓሲፊክ

Oceano Índico

ህንዳዊ ዉቕያኖስ

Oceano Antártico

አንታርቲካዊ ዉቕያኖስ

Oceano Ártico

አርክቲካዊ ዉቕያኖስ

Polo Norte

ሰሜናዊ ዋልታ

Polo Sul

ደቡባዊ ዋልታ

Antártica

አንታርቲካ

terra

ምድሪ

país

መሬት

mar

ባሕሪ

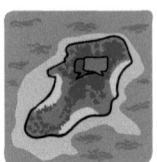

ilha

ደሴት

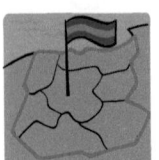

nação

ሃገር

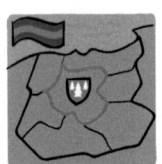

estado

ዓዲ

mostrador do relógio

ገጽ ሰዓት

ponteiro das horas

አመልካቺ ሰዓታት

ponteiro dos minutos

አመልካቺ ደቃይቅ

ponteiro dos segundos

አመልካቺ ካልኢት

Que horas são?

ሰዓት ክንደይ አሉ?

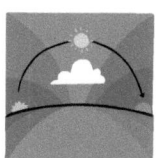

dia

መዓልቲ

tempo

ግዜ

agora

ሕጂ

relógio digital

ዲጊታል ሰዓት

minuto

ደቒቅ

hora

ሰዓት

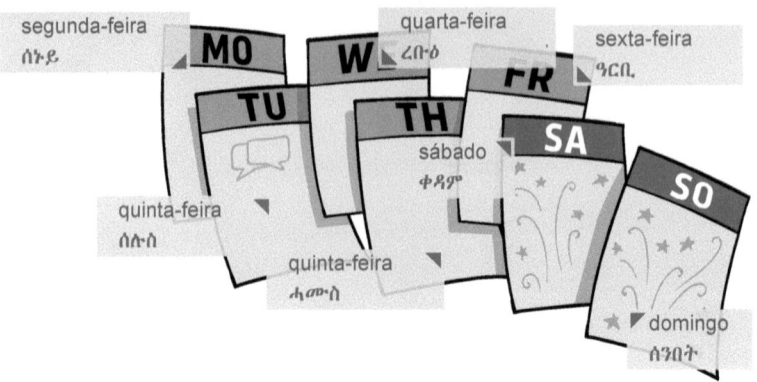

segunda-feira
ሰኑይ

quarta-feira
ረቡዕ

sexta-feira
ዓርቢ

quinta-feira
ሰሉስ

quinta-feira
ሓሙስ

sábado
ቀዳም

domingo
ሰንበት

ontem

ትማሊ

hoje

ሎሚ

amanhã

ጽባሕ

manhã

ንጕሆ

meio-dia

ቀትሪ

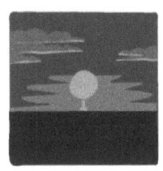

entardecer

ምሸት

MO	TU	WE	TH	FR	SA	SU
1	2	3	4	5	6	7
8	9	10	11	12	13	14
15	16	17	18	19	20	21
22	23	24	25	26	27	28
29	30	31	1	2	3	4

dias úteis

መዓልታት ስራሕ

MO	TU	WE	TH	FR	SA	SU
1	2	3	4	5	6	7
8	9	10	11	12	13	14
15	16	17	18	19	20	21
22	23	24	25	26	27	28
29	30	31	1	2	3	4

fim de semana

መወዳእታ ሰሙን

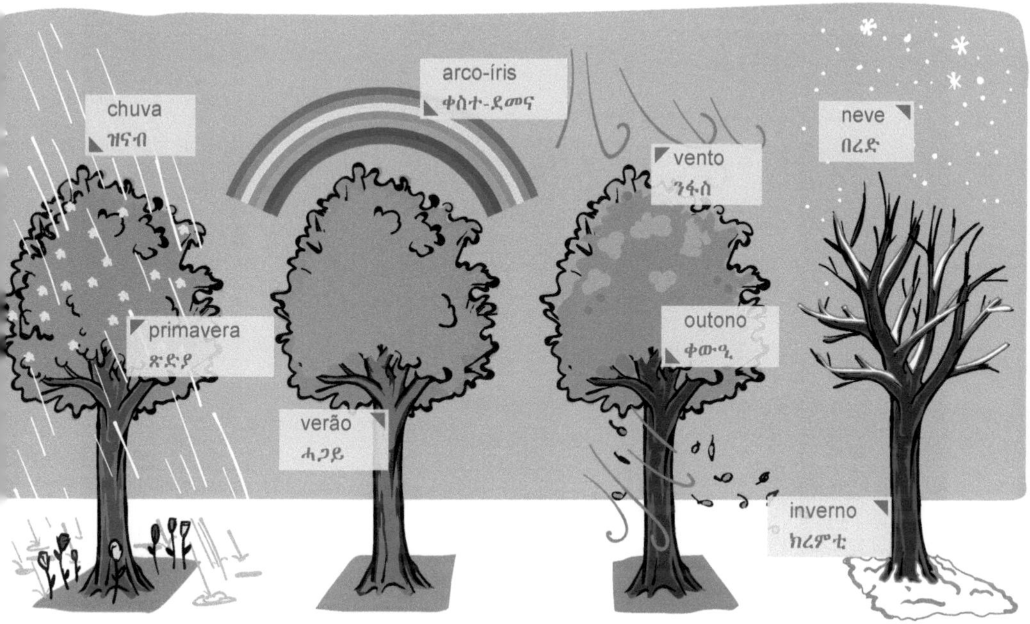

chuva
ዝናብ
arco-íris
ቀስተ-ደመና
neve
በረድ
vento
ንፋስ
primavera
ጽድያ
outono
ቀውዒ
verão
ሓጋይ
inverno
ክረምቲ

4.APRIL 11°
5.APRIL 4°
6.APRIL 13°
7.APRIL 8°
8.APRIL 10°

previsão do tempo

ትንቢት ኩነታት ኣየር

F
C
120
90
60
30
0
-30
40
30
20
10
0
-10
-20

termómetro

ቴርሞመተር

raios de sol

ብርሃን ጸሓይ

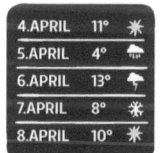

nuvem

ደበና

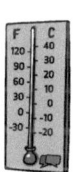

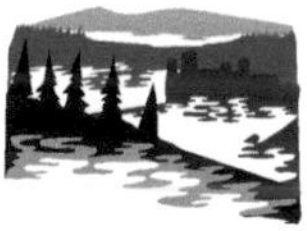

neblina / nevoeiro

ግመ

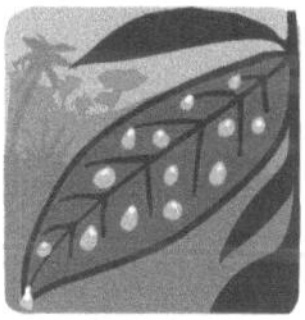

humidade do ar

ጠሊ

relâmpago

ብርቂ

trovão

ነጕዳ

tempestade

ህቦብላ

granizo

በረድ

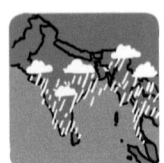

monção

ብርቱዕ ህቦብላ

inundação

ውሕጅ

gelo

በረድ

janeiro

ጥሪ

fevereiro

ለካቲት

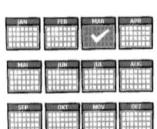

março

መጋቢት

abril

ሚያዝያ

maio

ግንቦት

junho

ሰነ

julho

ሓምለ

agosto

ነሓሰ

ano - ዓመት

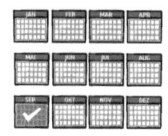

setembro

መስከረም

outubro

ጥቅምቲ

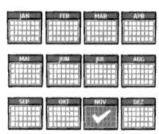

novembro

ሕዳር

dezembro

ታሕሳስ

formas

ቅርጻታት

círculo

ዙርያ

quadrado

ትርብዒት

retângulo

ቅኑዕ ርቡዕ ኩርናዕ

triângulo

ስሉስ ኩርናዕ

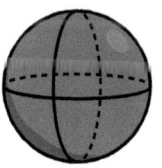

esfera

ክቢ

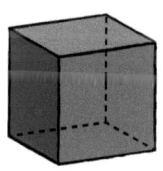

cubo

ኩቦ

branco

ጸዕዳ

amarelo

ብጫ

laranja

ኣራንሺ

rosa

ፒንክ

vermelho

ቀይሕ

lilás

ጆኸ

azul

ሰማያዊ

verde

ቀጠልያ

castanho

ቡናዊ

cinzento

ሓሙኽሽታይ

preto

ጸሊም

muito / pouco

ብዙሕ / ውሑድ

furioso / calmo

ሕሩቕ / ሰላማዊ

lindo / feio

ጽቡቕ / ክፉእ

princípio / fim

መጀመርያ / መወዳእታ

grande / pequeno

ዓቢ / ንእሽቶ

claro / escuro

ብሩህ / ጸልማት

irmão / irmã

ሓው / ሓፍት

limpo / sujo

ጽሩይ / ርሳሕ

completo / incompleto

ምሉእ / ዘይምሉእ

dia / noite

መዓልቲ / ለይቲ

morto / vivo

ሙዉት / ህልው

largo / estreito

ሰፊሕ / ጸቢብ

comestível / não comestível

ደስ ዘበል / ደስ ዘይብል

mau / gentil

እኩይ / ህያዋይ

entusiasmado / entediado

ርቡጽ / ስልኩይ

gordo / magro

ረጊድ / ቀጢን

primeiro / último

ቀዳማይ / ናይ መወዳእታ

amigo / inimigo

ዓርኪ / ጸላኢ

cheio / vazio

ምሉእ / ባዶ

duro / macio

ተሪር / ልስሉስ

pesado / leve

ከቢድ / ፈኩስ

fome / sede

ጥምየት / ጽምየት

doente / saudável

ሕሙም / ጥዑይ

ilegal / legal

ዘይሕጋዊ / ሕጋዊ

inteligente / burro

መስተውዓሊ / ስዲ

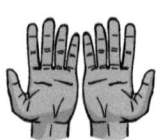

esquerda / direita

ጸጋም / የማን

perto / longe

ቀረባ / ርሑቕ

novo / usado

ሓዲሽ / ብሉይ

nada / algo

ዋላ ሓደ / ገለ

velho / jovem

ዓቢ/ኣረጊት / መንእሰይ

ligado / desligado

ወልዕ / ኣጥፍእ

aberto / fechado

ክፉት / ዕጹው

baixo / alto

ህዱእ / ዓው

rico / pobre

ሃብታም / ድኻ

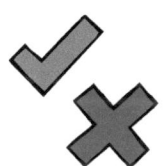

certo / errado

ቅኑዕ / ግጉይ

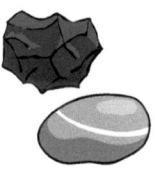

áspero / liso

ሓርፋፍ / ልሙጽ

triste / feliz

ጉሁይ / ሕጉስ

curto / longo

ሓጺር / ነዊሕ

lento / rápido

ቀስ / ቅልጡፍ

molhado / seco

ጥሉል / ንቑጽ

ameno / fresco

ምዉቕ / ዝሑል

guerra / paz

ውግእ / ሰላም

0	**1**	**2**
zero	um	dois
ዜሮ	ሓደ	ክልተ

3	**4**	**5**
três	quatro	cinco
ሰለስተ	ኣርባዕተ	ሓሙሽተ

6	**7**	**8**
seis	sete	oito
ሽዱሽተ	ሸውዓተ	ሸሞንተ

9	**10**	**11**
nove	dez	onze
ትሸዓተ	ዓሰርተ	ዓሰርተ ሓደ

12
doze

ዓሰርተ ክልተ

13
treze

ዓሰርተ ሰለስተ

14
catorze

ዓሰርተ አርባዕተ

15
quinze

ዓሰርተ ሓሙሽተ

16
dezasseis

ዓሰርተ ሽዱሽተ

17
dezassete

ዓሰርተ ሸውዓተ

18
dezoito

ዓሰርተ ሸሞንተ

19
dezanove

ዓሰርተ ትሽዓተ

20
vinte

ዕስራ

100
cem

ሚእቲ

1.000
mil

ሽሕ

1.000.000
milhão

ሚልዮን

inglês

እንግሊዝኛ

inglês americano

አሜሪካዊ እንግሊዛዊ

chinês mandarim

ቻይናዊ ማንዳሪን

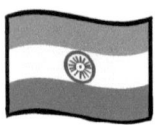

hindi

ሂንዳዊ

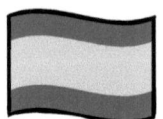

espanhol

እስጳኛዊ

francês

ፈረንሳዊ

árabe

ዓረባዊ

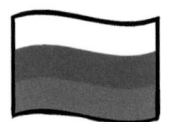

russo

ሩሲያዊ

português

ፖርቱጋላዊ

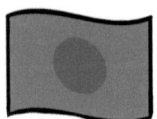

bengalês

በንጋሊ

alemão

ጀርመናዊ

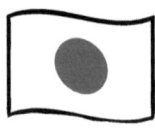

japonês

ጃፓናዊ

eu

አነ

tu

ንስኻ/ኺ

ele / ela

ንሱ / ንሳ / ንሱ

nós

ንሕና

vós

ንስኻ

eles / elas

ንሳቶም

quem?

መን?

o quê?

እንታይ?

como?

ከመይ?

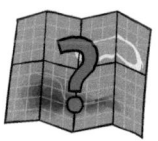

onde?

ኣበይ?

quando?

መዓስ?

nome

ሽም

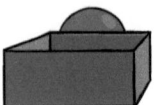

atrás

ድሕሪ

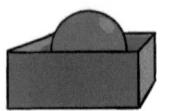

em

ኣብ

à frente de

ኣብ ቅድሚ

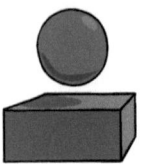

sobre

ኣብ ላዕሊ

em cima

ኣብ ልዕሊ

debaixo

ትሕቲ ምድሪ

ao lado

ኣብ ጥቓ

entre

ኣብ መንጎ

lugar

በታ